Douanla Fabrice

Le départ d'un héros : un esclave devenu un enseignant indigné

Douanla Fabrice

Le départ d'un héros : un esclave devenu un enseignant indigné

L'enfant abandonné

Éditions Muse

Imprint

Cover image: www.ingimage.com

Publisher:
Éditions Muse
is a trademark of
Dodo Books Indian Ocean Ltd. and OmniScriptum S.R.L publishing group

120 High Road, East Finchley, London, N2 9ED, United Kingdom
Str. Armeneasca 28/1, office 1, Chisinau MD-2012, Republic of Moldova, Europe
Printed at: see last page
ISBN: 978-620-4-96352-5

Le départ d'un héros : un esclave devenu un enseignant indigné

Un enfant abandonné

UN VOYAGE
sans
Direction: Je
cherchais mes parents.

J'habitais chez le père de mon père avec ma mère. Elle était tout pour moi. C'est elle qui m'apprit tout ce que je sais. Elle était toujours là pour moi jusqu'au jour où elle a aussi décidé de partir loin de moi. L'histoire comme un Dimanche à 09 heures 42 minutes 02 secondes lorsque ma mère Elise décida de se rendre au marché pour avoir de quoi faire la cuisine. Je venais de finir avec la licence et je n'avais pas d'emploi. A son départ, j'étais assis à la véranda de la maison de mon grand-père papa Tortarlor. Mon grand-père avait deux fils dont mon père André et mon oncle Romaric. Mon grand-père avait trépassé quand je n'étais encore un jeune garçon de 04 ans. Je me rappelle toujours le jour où ma mère me parlait de mon père. Elle me disait qu'il était un bon enseignant. Que l'enseignement était tout pour lui. Qu'il avait donné sa vie au service de l'éducation des enfants de son pays. Mais tout n'était pas comme il le voulait. Malgré le fait qu'il fut un bon enseignant, il n'était pas à l'abris des besoins. Même se nourrir était devenu un combat farouche. Le gouvernement de son Etat avait banalisé l'éducation et la formation. Un jour il a pris son sac, ses vêtements et sa chaussure préférée qu'il aimait porter tous les Lundi. Puis, il est parti loin de ce pays pour trouver un endroit où la valeur de l'enseignant sera reconnue et acceptée par toute la République.

Elle m'avait aussi dit qu'elle était devenue malheureuse et que mon papa lui manquait. Je ne me rappelle plus la derrière fois où j'ai vu mon père. J'avais peut-être entre 05 et 08 ans. Après le départ de ma mère au marché, j'étais seul à garder la maison. Elle était partie en me laissant quatre verres du riz, trois tomates, un peu de sel de cuisine, un demi-litre d'huile de palme et une boite d'allumette. La journée fut longue et ma mère n'était toujours pas rentrée jusqu'à 06 heures du soir. Inquiet, je me suis rendu à la cuisine pour faire de quoi manger. Par la suite, je me suis dirigé chez l'amie de ma mère maman pauline pour lui demander si elle avait de ses nouvelles. Une fois chez-elle la porte était fermée.

Moi : Allô allo ! Qui est là ?

Pauline : je suis là. C'est qui ?

Moi : c'est Fabrice, le fils de maman Elise

Pauline : oui, comment tu vas ? Que fais-tu dehors à cette heure ?

Moi : ça ne va pas. Je suis à la recherche de ma mère. Elle est allée au marché depuis le matin et elle n'est toujours pas de retour. S'il te plait maman, as-tu de ses nouvelles ?

Pauline : ta mère est partie en aventure depuis ce matin à la recherche de ton papa. Elle avait trop d'amour pour lui et supportait de moins en moins son absence. Voilà les raisons pour lesquelles elle t'avait caché la vérité. Après cette déclaration, je suis resté sans mot dire pendant deux dizaines de minutes. Je ne savoir quoi lui dire. Ma mère était aussi Partie loin de moi sans me dire. Pendant ce temps, les larmes coulaient sur mon visage comme des ruissellements d'eau coulante sur des chaines de montagne. Je n'avais que 18 ans quand tout ceci m'arrivais.

Pauline : où vas-tu rester maintenant ? Chez ton grand-père ?

Moi : Je ne sais pas maman. Je n'ai presque plus à manger. J'ai aussi peur de rester dans cette maison toute seule. Les bruits nocturnes me perturbent. S'il vous plait maman, pouvez-vous accepter de me garder ici chez-vous jusqu'au retour de ma mère ? Ces paroles changeaient le visage de maman pauline. Elle était devenue violente d'apparence et ses yeux sur moi me faisaient très peur.

Pauline : tu vas aller te battre où tu peux. Ma maison n'a pas de place pour toi. Les chambres libres sont réservées aux étrangers de la famille.

Elle m'avait déjà tout dit. Je n'avais plus la force de résister. Elle avait été directe avec moi. Je n'avais plus rien à faire que de retourner chez mon grand-père. Sur le chemin de retour, des panoplies d'idées me conduisirent dans une charge mentale. Indécis de trouver une solution efficace à mon problème, j'ai aussitôt décidé de pleurer en criant. Mes pleures prononçaient les noms de mes parents. Les cris montraient la fréquence de la douleur que je ressentais à l'intérieur de moi.

Une fois arrivé à la maison, une idée me poussa à partir à la recherche de mes parents parce que personne ne voulait de moi. Même celle sur qui je pouvais compter avait refusé de m'accueillir. Car, j'étais pour elle l'enfant de mes parents. Pour ne pas rester les bras croisés, j'ai d'abord pris mon sac de classe et ma chaussure du défilé. J'ai aussi emporté avec moi des vêtements que ma mère m'avait achetés parce que j'avais obtenu mon Baccalauréat à l'âge de 15 ans. Ensuite, je m'étais mis à marcher. Je ne savais aucune direction. Je n'étais jamais sorti du pays avant ce jour-là. Les sentiers étaient semblables et le feuillage m'empêchait de voir à plusieurs mettre de moi. J'étais un habitué des champs. C'est la raison pour laquelle je continuais de marcher. Le temps passait, ma situation me rendait pantois. J'avais en même temps peur et j'étais aussi étouffé par la lourde responsabilité de la vie dans un milieu globalement mastiqué par des situations de vie difficiles.

L'ouest était ma région natale. J'avais empreinte une direction que je ne pouvais reconnaitre les orientations Nord - Sud. L'orientation fut pour moi un champ d'opportunité où l'apprentissage me permettait d'avoir une détermination propre à la vision que j'avais. J'avais tout laissé derrière moi. Des personnes comme le Docteur ENOKA de l'université de Maroua allait constater mon absence au cycle Master.

Je voulais retrouver mes parents. Dans mon aventure, je m'étais retrouvé dans un espace désertique où je fus arrêté pour esclave. Mon maître s'appelait Moustapha Ibrahim. Il faisait 1 mètre 68 de taille. Et il environnait la quarantaine. Je venais d'avoir 19 ans quand j'allais supporter les douleurs internes et externes de ma condition d'esclavage. Alors que je recherchais uniquement mes parents. Le jour où je devins esclave, j'étais malade. L'endurance du trajet m'avait rendu faible. J'avais des pressentiments d'avoir du paludisme. Les yeux scotchés, ils me mirent dans une voiture après avoir ligoté les mains. Pendant le déplacement, j'étais très agité. C'est la raison pour laquelle ils ont décidé de menotter mes pieds. Mon maitre travaillait avec plusieurs hommes dont je ne pouvais qu'écouter les voix.

Une fois à destination, je compris que la recherche de mes parents c'était transformée à un véritable cauchemar. Sans toutefois tarder, le maître se mis aussitôt à s'occuper de nous. Les taches des hommes robustes consistaient à creuser des tunnels pour le transport du pétrole. Tandis que les hommes moins forts transportaient des moellons de la carrière jusqu'au chantier des résidences. Nous étions une trentaine à mon arrivée. Dont Aboueme, Mboma, Poumeni, moi et plusieurs autres personnes que je ne me rappelle plus du nom. Personne de nous ne pouvait savoir le destin qui l'attendait. MOUSTAPHA était un homme farouche. Il veillait personnellement que nous soyons bastonnés chaque 4 heures de temps. Ces bastonnades avaient pour but de nous rappeler la fureur du maître vis-à-vis de nous. Il nous donnait 02 beignets comme ration journalière pour des scènes de travail allant à plus de 12 heures par jour. Les heures de repos commençaient à 19 heures et 30 minutes. Pendant que les hommes s'occupaient des travaux de fort physique ; les femmes quant-à-elles se faisaient exploiter sexuellement aux bénéfices des hommes riches.

L'une d'elle s'appelait KAMENI ROSE. Nous nous étions rencontrés à un entrepôt situé entre le TCHAD et le NIGERIA. Elle était d'une beauté remarquable et son sourire avait un éclat blanchâtre. Je ne pouvais pas imaginer qu'elle avait aussi été arrêtée et vendue au même maître que nous autres. Une fois achetée, le maître avait subitement reconnu en elle une pudeur interne. Sa situation de femme lui donnait une autre fonction. Comme plusieurs entre elle, celle-ci passait ses nuits en larmes. Elle était obligée de se livrer sexuellement contre son gré pour se maintenir en vie. A chaque fois qu'elle était en activité, elle criait fortement. Ses cris se déplaçaient jusqu'à nos postes de travail. Je reconnaissais sa voix parce que j'avais été proche d'elle autre fois. Personne ne pouvait ignorer la douleur qu'elle ressentait. Jeune fille de son état, elle avait en face d'elle des hommes robustes et violents. La fréquence de ces pleures montraient comment elle se faisait battre lors du coït. Je pouvais écouter ses souffrances jusqu'à oublier mes peines. Sa situation m'avait donné la possibilité de penser à une révolte. Mais j'étais parmi les seules personnes qui pouvaient encore marcher sur leurs deux jambes. Celles qui avaient été arrêtées avant moi ne pouvaient ni bien parler, ni bien se tenir debout parce qu'ils avaient essayé de s'échapper. Cette correction fut pour moi une raison pour laquelle je pouvais m'appuyer pour rester tranquille. J'avais peur et mon avenir me faisait transpirer. Je n'avais personne avec qui avoir une réelle conversation.

Cette solitude morale me poussa à détruire un champ pétrolier. Pour me corriger, le maître IBRAHIM m'infligea une peine d'une durée d'un mois. Cette condamnation fut immédiate à la parole. Mon passage en prison me permis de murir ma pensée pour agir différemment une fois sorti. Pour ne pas rester les bras croisés, je commençais à faire de la musculature pour devenir un homme plus habile. A ma sortie de prison, le maître me demanda de me coucher. Puis, il m'administra cent coups de fouet aux fesses. Ma soumission lui permettra de comprendre que j'étais devenu un homme bon. Car, j'avais reçu cette sanction sans empêcher un seul coup. Pour amplifier cette stratégie, je me suis mis à pleurer sans arrêt jusqu'à deux heures après qu'il ait fini de me battre.

Le lendemain, il m'appela et me donna 06 heures de repos. Pendant ce moment de liberté, je pouvais me balader. Rose avait compris que j'étais un homme pensif, croyant et dynamique. C'est la raison pour laquelle elle prit des risques à plusieurs reprises pour me faire comprendre quelle se trouvait dans une situation compliquée. J'étais pour elle une voix par laquelle elle pensait se faire entendre dans cette portion de territoire. Mes forces étaient inférieures à la compréhension de ses difficultés.

Est-il possible que je mette ma vie en jeu pour la sauver ? Aurai-je la force de vivre et d'accepter mourir ? Voici les questions auxquelles j'étais indécis. Je n'ai pu mettre sur pied une réponse immédiate aux différentes questions. J'avais gardé à l'esprit une volonté de résistance une fois le bon moment venu. Rose avait subi des atrocités au point où elle n'en pouvait plus. Je l'aimais déjà. Mais la volonté de changer les choses était plus grande que le désire qui hantait mon cœur. Elle pouvait me voir à l'étage où elle se trouvait. Son corps était proche des vitres de la fenêtre d'en face.

Ses mains transmettaient un message. Je ne pouvais toujours pas comprendre exactement ce qu'elle me disait. La situation me rendait impuissant. Je ne pouvais plus agir sans avoir été convaincu de l'efficacité du résultat. Dans mes marches, j'avais suivi le maître dire qu'il allait nous déporter d'Adiri pour Sabha, une ville voisine très riche en paysage pittoresque. Mon repos prit fin et je me suis remis à travailler. Le lendemain venu, nous partîmes dans cette autre destination inconnue. Avant d'être capturé, nous venions de l'Afrique subsaharienne. Où la pluie est au rendez-vous 09 mois par an. Une partie de l'Afrique où le vent humide nous rappelait de porter le pull-over. Les avantages du passé avaient commencé à nous manquer le jour où nous fîmes arrêter pour esclave. J'étais parti à la recherche de mes parents. Sont-ils aussi à ma recherche ? Savent-ils que je suis pris pour esclave ? Aurai-je une chance de sortir de cette hécatombe vivant ? Tout avait changé.

Dans la voiture, les bruits de l'extérieur me faisaient comprendre que nous nous étions rapprochés de cette nouvelle ville. J'écoutais les enfants qui chantaient en même temps qu'un baffle musical. Ces ambiances sonores me permettaient de comprendre que nous étions arrivés. Quelques minutes après, le véhicule s'arrêta et nous eûmes l'occasion de revoir la lumière du jour. Les mains ligotées, ils nous conduisirent dans un entrepôt situé à environ un kilomètre du lieu de stationnement. Une fois arrivés, ils nous dirent les mots suivants : « vous êtes nos choses. Faites ce que l'on vous demanderait de faire sans résister. Ici vous êtes en enfer et nous sommes des Satan. Esclaves ! Mettez-vous à genou ». Cette dernière phrase nous rappela que la situation se compliquait davantage. Sans toutefois attendre, nous nous sommes mis à genou. Aussitôt à genou, monsieur IMOUSTAPHA IBRAHIM prit la parole et dit : « Que tous ceux qui étaient sur mon commandement à ADIRI se déshabillent. Puis, posent les mains sur la tête en gardant la même position ». C'est ainsi que nous exécutâmes les injonctions du maître. Juste après, il nous demanda de nous lever pour se diriger dans un territoire non loin d'une exploitation pétrolière. Près des feuillages de couleurs vertes, non loin d'une rivière très sollicitée par les pécheurs. Dans ce nouveau territoire se trouvait des mines de fer. Un milieu qui allait aussitôt devenir notre nouveau lieu de travail.

J'avais détesté le moment où je fus choisi parmi ceux-là qui allaient piocher. Fabrice est mon nom. Je faisais partir des premiers esclaves les plus robustes. La première journée fut pour moi une épreuve de vie. Celle-ci était tellement compliquée que j'avais souvent la volonté de me suicider. Cette journée fut aussi accompagnée des coups de fouet. Une fois que nous étions fatigués, ils nous rappelaient que nos libertés nous avaient été volées. Le travail dans ces mines de fer n'était pas facile. Il fallut creuser jusqu'à 10 mètres de profondeur pour y trouver quelques gisements. Au fur et à mesure qu'on s'introduisait dans la terre, l'oxygène fuyait loin de nous. L'intérieur faisait très chaud et le vent n'avait pas de place. La sueur coulait sur les visages comme des affluents du fleuve Congo. Tout le monde avait peur. Mais la présence des maître nous obligeait à ne pas laisser la fatigue nous recouverte de faiblesse. Nous travaillâmes 10 heures de travail sans obligation de ration. Maman Adja, la femme du maître pensait toujours à nous apporter de l'eau à boire pour rafraichir nos gorges et hydrater nos corps. Elle était une femme gentille et son visage montrait qu'elle n'était pas d'accord avec les atrocités émises à notre égard. Mais elle ne pouvait rien y faire parce que son mari était un homme riche, violent et furieux.

Quelques jours après, nous perdîmes un camarade dans les mines. Il était positionné en amont. Son rôle était de recevoir les seaux remplis de terre pour les déverser à l'extérieur. Lors d'une réception, il était fatigué. C'est la raison pour laquelle il s'est laissé emporter pas le contenu du contenant. Il fut parti ce jour pour ne plus jamais revenir. Son corps fut enlevé par nous. Personne de nous ne pouvait savoir où il allait être enterré. Sa mort changea notre façon de travailler. Après ce drame, la prudence et la vigilance furent le centre de nos prochaines actions. Il était clair pour nous de croire que la mort de notre frère fut le début d'un parcourt trébuchant. Accompagné des surprises désagréables. Tous les soirs, ils nous forçaient à dormir dans une cabane, pas loin des mines de fer où nous étions casés à environ treize personnes pas chambre. Ces pièces d'habitats étaient petites en espace et l'absence des fenêtres faisait de nous la chasse gardée de la chaleur. Les femmes avaient leurs lieux de résidence loin de nous. C'est à cause de leurs distances que les maîtres proches de nous utilisaient des hommes sexuellement pour satisfaire leur libido.

Les journées étaient longues et les nuits aussi. Mon ami JULY avait toujours été ignoré lors des tortures journalières et nocturnes. Il était physiquement faible et ses phalanges présentaient le début de la lèpre. J'étais étourdi de la situation et nos voix n'avaient point de longues mains. Je me rappelais quand j'avais autrefois des personnes avec qui exposer mes difficultés. La chaleur maternelle qui m'avait enseveli autrefois était parti loin de moi. Elle fut ma mère et en même temps mon père. Elle représentait un rond-point à l'intérieur duquel tous mes problèmes de vie pouvaient y trouver des solutions. Le constat de son absence permit que le ciel me tombe sur la tête. Depuis ce jour-là, j'avais compris que j'étais toujours seul au monde. Il me fallait mettre sur pied une stratégie propre à la situation qui m'engloutissais. L'espoir avait foutu le camp. Tout seul dans ma pensée, j'organisais une voie par laquelle la possibilité de retrouver le souffle perdu autre fois était possible. Pour cela, je pris quelques minutes de silence pour hisser une vision logique. Après ce temps, je me suis mis à travailler à fond pour me faire passer comme l'esclave le plus brave.

Cette stratégie était pour moi une manière de gagner à court et à long terme la confiance des maîtres. Pour enfin trouver un chemin favorable et y introduire mes volontés. Cette manière de travailler me permit d'avoir un grade de demi-maître. Ce grade avait pour but de me donner l'opportunité d'organiser mes semblables dans des zones de travail pour alléger les taches des maîtres. J'allais commencer le travail dans moins de 24 heures. Ils me donnèrent quelques heures de repos pour que j'incarne le rôle qui m'attendait. Ce temps de repos m'a permis de prendre en main le poste occupé par chaque esclave. Puis, mette sur pied un schéma de travail à l'intérieur duquel j'allais y introduire mon plan. Ma pause prit fin et j'eu l'occasion de mener mon combat. Les maîtres avaient tellement confiance en moi qu'ils me laissaient avec mes semblables sans surveillance. Cet avantage me conduisit dans un recensement. Il s'agissait de classer les esclaves en fonction de leurs savoir-faire. Dans le tas, on pouvait y trouver des griots, des éleveurs, des maçons et des ingénieurs agropastoraux. Sans oublier les étudiants et des spécialités de petits métiers. Ils n'avaient pas oublié que j'étais toujours de leurs coté malgré le grade. Ils appréciaient mes orientations. Et ils pouvaient à chaque temps bénéficier d'une pause. Fokam était l'un des premiers à vouloir rapidement m'aider à accomplir cette mission. Il était fort d'esprit. De manière générale, il n'avait pas peur d'y laisser sa vie. Car il connaissait les risques qu'il prenait en soutenant ma résistance. J'étais dévoué à me défendre. La langue fulfulde fut pour moi l'un des moyens les plus efficaces pour véhiculer mes messages auprès de mes frères et sœurs.

Sabadjo ! Sabadjo ! Sabadjo ! (Ami ! ami ! ami !)

Sabadjo ! Sabadjo ! Sabadjo ! (Ami ! ami ! ami !)

Sembéh don ! sembéh don ! sembéh don ! (La force est présente ! x 3)

Mi vio'o, sembéh don ! (Je dis que la force est présente)

A fahmi dou ? A fahmi dou ? (Est-ce-que vous m'avez compris ? x 2)

Wahr en dil'la ! (Allons !)

On nohn don mérré ! On nohn don mérré ! (Nous avons trop supporté)

Après ses paroles, tous se sont sentis libérer par la condition d'esclavage. C'est à cet effet qu'ils abandonnèrent les outils de travail. Et se mirent chacun en fonction de ses avoir à fabriquer des matériels de combats. Car, l'heure était venue de reprendre notre liberté depuis embrigadées par les méchants arabes. Une fois que les maîtres ont été au courant que j'assurais le poste à mon profit, ils ont aussitôt envoyé des hommes pour me capturer. Nos stratégies de résistances étaient élaborées sur trois plans. D'abord, il fallait libérer les femmes. Ensuite, disposer les plus sportifs aux quatre coins de la zone de combat. Pour nous renseigner du déplacement des arabes en temps réel. Enfin déployer les plus forts dans l'optique d'assurer le combat du corps à corps. La libéralisation des femmes nécessitait une vigilance remarquable. Parmi ces femmes, plusieurs étaient enceintes. Ces dernières rendaient très compliqué la démarche mise sur pied. Elle consistait à utiliser la tactique de la terre brulée. Mise en œuvre par SAMORY TOURE. Cette tactique avait pour but de tout détruire sur le passage afin que l'ennemie ne puisse utiliser un élément du biotope pour enrichir son plan d'action.

Au début de cette tactique, les résultats fut importante au point où les arabes décidaient abandonner leur poste. Cette offensive donna aux frères et sœurs le courage de continuer le combat. L'équipe qui était chargé de creuser les fosses cachées avait bien joué son rôle. Leurs actions ont permis non seulement aux combattants du corps à corps de mettre hors d'état de nuire une grande partie des bourreaux. Mais aussi, ce savoir-faire redonna au africains du sud du Sahara que nous sommes l'occasion de montrer aux yeux du monde que les noirs africains n'ont pas perdu le sens de la grandeur. De cœur, nous avions des qualités restreintes avec les mots tels que la dépendance, la soumission, la convoitise et l'exploitation.

Pendant le déroulement de cette attaque, j'ai ordonné de kidnapper monsieur MOUSTAPHA IBRAHIM pour lui montrer à quel point ils nous ont fait souffrir. Après son arrestation, j'ai ordonné qu'il soit conduit à ADIRI, la ville où tout avait commencé. Une fois sur les lieux, mes guerriers réclamaient son exécution. Cette décision me revenait de droit. Aucun combattant ne pouvait extrapoler mon autorité pour agir de mon gré. Pour une seconde fois, j'ai eu l'occasion de prendre une discision brusque face à une situation où les esclaves libres n'avaient qu'une seule parole : « accompagner le maître des esclaves à la tombé ». Personne n'attendait que je prenne une décision autre. Je n'étais pas un jeune homme criminel. J'avais grandi dans l'amour et le pardon. Ma mère était une chrétienne catholique. L'éducation monoparentale qu'elle m'avait infligée avait pour fond le respect de l'autre et la crainte de Dieu. Voilà pourquoi je devais tout faire pour demeurer la même personne. A cet effet, j'ai demandé la libération d'IBRAHIM. Cette décision prenait en compte sa sécurité présente et future. Pour éliminer toutes idées d'assassinat dans la pensée de mes frères et sœurs. Quelque temps après, j'ai organisé des séances de sensibilisation. Le thème principal portait sur le pardon et la réconciliation. Il était nécessaire pour moi d'apaiser les cœurs et les âmes brisés par l'esclavage libyen. Redonner à mes frères et sœurs le goût de la paix, de l'espoir, de l'amour et par-dessus tout de la vie.

Cette phase n'était pas la dernière chose à faire. Nous étions pauvres et affamés. Solliciter l'aide des arabes était une issue unique pour sortir définitivement de ce merdier. Monsieur IBRAHIM était devenu notre porte de sortir. C'est pour cette raison que je me suis rapproché de lui pour obtenir un peu de moyen. Compte tenu du fait que je l'avais gardé en vie, il n'avait pas d'autre choix que de réagir positivement à cette requête. Le retour à la maison était pour chacun de nous une grande fierté.

L'aide obtenue de monsieur IBRAHIM était insuffisante. Le partage fut difficile. Avec le nombre que nous étions. Cette somme d'argent ne pouvait pas nous permettre de traverser la frontière et de s'occuper des frais de route. C'est pour cette raison que nous avons décidé de faire partir les femmes par des voies normales. Les hommes allaient se battre autrement pour retrouver leur terre natale. Il fallait se déplacer en groupe. J'avais pris avec moi Poumeni, le fils d'un griot devenu esclave comme moi. Après quelques jours de marche, la fatigue s'est installée et nous nous sommes dirigés vers un centre commercial pour demander du travail. Une fois au centre commercial, il fallait se renseigner. Je n'avais aucune connaissance en langue Arabe. Je ne savais ni parler ni écrire. Poumeni avait grandi dans un environnement musulman et il pouvait comprendre et se battre à aligner quelques phrases. Une grande boutique de ventre de céréale était située juste à côté de notre position. De l'extérieur de la boutique, on pouvait apercevoir à l'intérieur un homme vêtu en boubous de couleur blanche. C'est alors que nous nous sommes dirigés vers lui pour demander du travail. Une fois arrivés près de lui, on constata qu'il était gentil et souriant. Il nous demanda simplement de lui dire l'objet de notre venue. Poumeni lui a expliqué la situation et il a accepté d'engager une seule personne de nous deux. J'ai été choisi au détriment de Poumeni et le travail devait commencer immédiatement. Ainsi, il fallait dire au revoir à mon ami. J'étais mal portant de le voir partir tout seul. J'avais envie de partir avec lui. Mais il était temps pour moi de repartir de zéro. Pendant qu'il partait, je pouvais voir en lui un jeune homme perdu qui n'a pas un autre choix que d'avancer.

A côté de ce grand magasin, j'ai fait la connaissance d'un jeune garçon appelé Abdelazis Bello. Il était d'une famille moyenne et son influence dans la région était semblable à celle d'une autorité. Car il était très connu et ses amis étaient composés de toutes les classes sociales. Il était trop bavard et je l'aimais bien. J'avais déjà confiance en lui. J'avais déjà passé un mois sans la présence de mon ami. Je savais que je pouvais compter sur lui pour avoir des informations sur mon ami frère Poumeni. J'avais régulièrement fait des songes où il était redevenu esclave. Un jour pendant la pause de midi, mon nouvel ami Abdelazis Bello est venu me rendre visite et j'ai profité pour lui demander de recueillir des renseignements sur la situation de ce jeune frère. Quelque mois après, il s'approcha vers moi pour me donner le compte rendu à travers ce récit :

Jean François était un homme de grande taille qui avait beaucoup pleuré dans son enfance. En effet, dès l'âge de 6 ans, il était obligé de transporter un gros sac de blé pour la ferme de son père située à 300 m de leur maison. Jean était un enfant calme, travailleur, courageux et obéissant. C'est pour cette raison qu'il se précipitait de nettoyer les vêtements de son papa une fois de retour du travail. Son papa s'appelait marigot. C'était un homme sans cœur, violent et exigeant. Car il n'avait ni l'amour, ni la compassion envers la maisonnée. Sa femme s'appelait Yohe. Elle était une asiatique. Elle n'avait aucun respect pour son mari parce qu'il était violent. Elle avait déjà perdu sa jambe gauche sous les coups de son mari parce qu'elle avait oublié de servir le cure dents après un repas de viande rôtie. Elle avait voulu le divorcer à la police. Mais la peur de voir une partie de son corps malmenée l'obligeait à rester auprès de lui la bouche fermée. Marigot avait tout faire pour que son fils soit à sa ressemblance.

Marigot : tu es un enfant sans cœur comme ta mère.

Jean François : papa tu es trop méchant.

Après cette phrase, son papa se mit à l'obliger d'accepter son mode de vie comme étant le meilleur. En lui donnant des coups de chicotte sur la tête, le ventre, le dos et les fesses. Par la suite, Jean se mit à crier.

Oui ! Papa je ne vais plus être comme ça. Oui ! papa je vais changer.

Oui ! Papa oui ! papa

C'est ainsi qu'il répondit aux questions que lui posait son papa en pleurant. Tellement Il le chicotait régulièrement que le jeune Jean a fini par comprendre qu'un homme doit-être violent et dangereux. Son papa avait l'habitude d'appeler les personnes de couleur « singe ». Car il les utilisait pour montrer à son fils comment il faut traiter les hommes noirs. Après un bout de temps, Marigot acheta un singe au marché des esclaves situé sur les côtes africaines, à un endroit qu'on appelle ile de Gorée.

Ce singe fut enfermé dans une case en fer. À tout moment, Marigot demandait à Jean de le battre avec du fer obtenu lors du dépiècement d'un vieux berceau. Il n'avait que 18 ans lorsque son maître l'achetait. Mais sa taille était plus élancée que celle de Jean alors que ce dernier avait 5 ans de plus que lui.

Après la mort de Marigot quelques mois plus tard, Jean est devenu le maître de la maison. Il avait désormais le droit sur sa mère et sur son singe hérité. Chaque soir, il s'approchait de la case avec une banane pour exciter son prisonnier à se rapprocher des grilles de la case. C'est ainsi qu'il envoyait un bâton pointu pour battre sur lui. Ce bâton avait blessé le prisonnier au point où il ne pouvait supporter sans faire de bruit. C'est alors qu'il dit :

- Tu veux me tuer ?
- Tu n'es pas comme ton père.
- S'il te plait libère-moi.
- Je suis un homme comme toi.

Cette dernière phrase attira l'attention de jean. Car il dit :

- Oui je dois te montrer qu'un homme doit-être violent.
- Je suis comme lui.
- Tu dois rester dans cette case.
- Tu es un singe.

Le prisonnier recommençait subitement à pleurer à haute voix une fois qu'il comprit que son quotidien n'était que souffrance. La mère de Jean ne supportait plus écouter le prisonnier pleurer. Elle avait un cœur et elle n'avait jamais accepté voir souffrir un être- humain. De manière soudaine, elle se décida d'agir contre son fils.

Yohe : Jean, libère le prisonnier !

Tu ne vois pas que c'est ton petit-frère ?

Jean : non, il doit rester dans sa case comme papa l'avait mis.

Je ne suis pas content de toi !

Arrêts de t'opposer à moi !

Je suis un homme !

Sa mère était engagée dans la volonté de libération du prisonnier. Car elle n'arrêta pas de se disputer avec son fils. Elle croyait que son fils était un tout petit peu différent de son papa. Elle ignorait tout de lui. Il était comme son père.

Jean : maman, tu n'es pas comme papa.

Yohe : oui mon fils, je veux que tu me comprennes.

Jean : papa m'avait dit qu'un homme ne doit pas avoir peur de faire du mal pour rester homme.

Yohe : tu peux être différent chéri.

Subitement, jean s'approcha auprès d'elle avec un couteau. Puis, il le mit dans son ventre et sa mère mourut quelques heures après avoir lancé un grand cri. La voisine Blandine habitait près de la maison de papa Marigot. Elle suivit les cris et appela soudainement la police. A l'arrivée des policiers, Jean avait déjà tout nettoyé. La maison était propre et le cadavre de sa mère était caché sous le lit de la chambre des étrangers. Il avait mis de la musique pour distraire l'imagerie de toutes personnes qui pouvaient se poser des questions à propos des cris émis sa mère. Il n'avait pas à s'en faire avec le prisonnier parce que sa case était située au sous-sol, un endroit très caché.

La police : toc toc police !

Jean : oui, attendez ! J'arrive !

La police : on nous a alerté qu'une personne avait besoin d'aide dans cette maison.

Jean : je ne pense pas. Je m'amuse depuis un bout de temps avec mes musiques préférées. Je suis seul à la maison.

La police : donc personne ne criait dans cette maison ?

Jean : si, c'est moi qui criais parce que la musique me parlait. Entrez et vous verrez que je dis la vérité.

La police : ok excusez-nous du dérangement et portez-vous bien.

Jean : de rien monsieur, merci !

Après le départ des policiers, Jean s'est dirigé vers le jardin de la concession pour y faire une grande fosse. Cette fosse était la dernière demeure de sa mère Yohe. Après quelques jours, il se dirigea au sous-sol pour rendre visite à son singe. Le prisonnier avait fait deux jours sans nourriture et eau. A l'arrivée de Jean, il était allongé tout près de la porte de la case. À côté de l'endroit où il faisait les selles. Cette case faisait un mètre sur un mètre cinquante. Il ne pouvait plus supporter.

Le prisonnier : maître, je vais mourir. Cette salle m'étouffe.

Jean : tu es mon esclave. C'est à moi de décider si tu dois mourir ou pas.

De façon soudaine, jean ouvrit la porte de la case et se mit à battre sur le prisonnier attaché.

Le prisonnier : mama ! mama ! papa ! papa ! S'il te plait maître ne me tapez plus. Maître !

Après cette séance de bastonnade, jean lui demanda d'être prêt à répondre à ses questions. De façon soudaine, il lui dit :

Jean : qui es-tu ?

Le prisonnier : je suis Poumeni

Jean lui donna des coups de fouets et lui demanda de dire qu'il est son bébé singe.

Jean : qui es-tu ?

Le prisonnier : je suis Poumeni S'il te plait laisse-moi partir.

Jean : tu es un enfant difficile.

Comme le prisonnier ne voulait pas coopérer, jean alla à la cuisine. Où il prit un couteau bien pointu. Le prisonnier esclave était toujours attaché sur ce poteau dans la case au moment où jean revenait avec son couteau. De manière violente, il arracha l'œil droit du prisonnier. Après cette action, le sang avait beaucoup coulé. La douleur était forte mais le prisonnier n'émit aucun cri.

Quelques jours après, jean s'est rendu au marché pour acheter de quoi manger parce que la maison était presque vide. Après qu'il soit parti en oubliant de fermer la porte de la case de l'esclave, celui-ci se mit à chercher de voies et moyens pour libérer ses jambes des chaines qui lui faisaient très mal. Après plusieurs efforts, il a pu s'enfuir.

Une fois à l'extérieur, le paysage avait changé. Le développement avait fait ses preuves. Il ne remarquait plus les différentes voies. En avançant dans la mesure de s'éloigner le plus loin possible de la résidence de son maître, il tomba sur un autre groupe d'esclave qui travaillait dans une plantation de canne à sucre. Une fois que le nouveau maître l'aperçue, il demanda à trois gros esclaves de l'arrêter et ils obéirent.

Bidon : je suis bidon et c'est moi le maître ici. Désormais, tu seras ici avec tes frères pour travailler. Je ne te demande rien. Tu n'as pas le choix.

Poumeni : oui maître, je suis à vous.

Il disait ces mots pour rassurer le maître mais il ne le pensait pas. Car quelques minutes après, il chercha de s'échapper avant d'être attrapé sous les ordres du maître par d'autres esclaves. Par la suite, il a été battu à mort. Avant que le maître ne demande d'arrêter la bastonnade, il avait déjà perdu son deuxième œil. C'est ainsi que Poumeni est devenu aveugle. Une semaine après cette bastonnade, le maître l'obligea de travailler vingt heures par jours comme tout le reste. Dans ce nouveau milieu de travail, il fit la rencontre de Aminfak, un esclave qui avait déjà perdu son membre gauche à cause d'une situation de révolté dont il était l'auteur. Deux jours après, Poumeni incita Aminfak de s'enfuir avec lui loin des champs de plantation du maître et il accepta.

Il était presque 5 heures le matin lorsque Poumeni et Aminfak décidèrent silencieusement de quitter la maison du maître. En sortant, ils laissèrent la porte sans fermer et le vent froid venait en direction parallèle. Le maitre était grandement allongé dans sa chambre avec sa femme lorsqu'un vent froid frappa sur lui. Sans tarder, il imagina que la porte était ouverte. C'est la raison pour laquelle il se leva et se dirigea en direction de la porte. Quelques minutes avant, il s'est rappelé avoir écouté les pas étranges qui allaient de l'intérieur vers l'extérieur de la maison. Sans toutefois tarder, il décida de faire l'appel afin de constater les absences. C'est ainsi qu'il constata la disparation de deux esclaves dont il envoya des esclaves musclés à leur recherche. A 8 heures, ces esclaves étaient de retour avec les deux esclaves. Le maître tout énervé, ne voulait plus les voir. Mais son épouse lui demanda de donner une chance aux esclaves rebellés de se racheter. C'est ce qu'il fit.

Bidon : pourquoi êtes-vous parti ?

Aminfak : je ne dis rien !

Poumeni : je suis un fils de griot, fils du Mali. J'ai été arrêté de force un jour par les rabatteurs lorsque j'étais allé rendre visite à un ami à 2 km du royaume. J'étais en train de marcher quand ceux-ci m'arrêtèrent avec violence et me ligotèrent avec un fil assez épais. Voilà comment je me suis retrouvé ici en Amérique après avoir subi un voyage atroce dans le négride Jésus. Arriver sur cette nouvelle terre, J'ai été vendu pour 4 pièces d'argent. Je ne suis pas celui-là qui peut accepter la condition d'esclavage. Mon premier maître m'avait arraché un œil et le toi aussi. Me voici aujourd'hui aveugle. Je résisterai jusqu'à ce qu'on m'arrache la vie. Je suis africain. Je suis noir parce qu'il existe un soleil important où je viens. J'ai du sang rouge dans mes veines et je suis capable de faire ce qu'un blanc peut faire. J'ai une famille qui m'aime. Je suis fils de griot, un savant. Et jamais je ne deviendrai esclave à cause de vous. Cher africain, montrons aux blancs qui nous sommes exactement. « Tsé, tig'sok to'o fa'ag wék. Ta'm coug'u. ayi, ayi oh, pi lougsé méh gréah ! (Dieu, s'il te plait vient nous chercher. le moment attendu est arrivé. Les amis, levez-vous et allons ! »).

Après ces phrases, le maître Bidon ne pouvait plus supporter parce qu'il avait vu la réaction des autres esclaves après que Poumeni ait parlé en langue. Sans tarder, il sortit de son sac un poignard qu'il égorgea respectivement Poumeni et Aminfak sans état d'âme. Après cette réaction violente, les autres esclaves se sont aussi révoltés en détruisant non seulement les cultures, les chariots. Mais aussi, les habitats et les tous les outils qui donnaient de la grandeur au maître. C'est la raison pour laquelle le maître s'est enfui parce qu'il ne pouvait pas supporter les colères de ceux qu'il avait fait esclave.

Après avoir écouté récit de la situation de mon ami Poumeni. Tout était devenu presque impossible pour moi. J'avais en ce moment-là le sentiment d'avoir été abandonné par les dieux. Mais l'espoir qui résidait en moi me demandait de ne pas baisser les bras. Ainsi, je suis parti de mon lieu de travail sans dire un mot. Même mon nouvel ami Abdelazis n'avait aucune information sur mon départ. En ce moment, j'avais compris que j'étais devenu un homme. J'étais prêt à tout pour retourner chez mon grand-père au Cameroun.

Dans une vie de galère j'étais devenu un homme.

Un homme avec une taille moyenne et un corps énorme.

Un garçon avec des narines immenses et des oreilles infirmes.

Mes bras sont d'une largeur importante et mes doigts reflètent de petites limes.

Avec mes petits pieds, je me déplace vers des sentiers parsemés.

Comme je me déplace, je fais face aux réalités.

Des réalités qui me montrent les voies de l'humanité.

A moi la clé d'un destin déshabillé.

Je peux marcher sans boussole ayant peur d'être désorienté.

Dans un monde où l'espoir n'a pas encore été généralisé.

Je marche comme un fou et je me pose la question je suis où.

Avec mes yeux qui lorgnaient l'horizon, j'avais faim comme un fou.

Me croyant isolé, je me posais la question où êtes-vous.

J'avais aussi soif, mais je continuais d'avancer en absence de vous.

De manière très rapide je perdais le poids et très lentement j'enroulais mes pas sur la route.

Devant moi, le monde était sombre.

En journée, je voyais des colombes dans le ciel.

Ces oiseaux se déplaçaient en formant le nombre un.

Le ciel était bleu et le paysage annonçait le mois de Décembre.

Un mois où tout enfant se réjouit et reçoit des cadeaux semblables.

Le vent y était sec et mon passage transportait du sable blanc.

La montée de cette roche rendait instable la vue.

La couleur blanche de ce sable décrivait la nature propre d'un climat instable.

Aucun bruit autour de moi à cause de la mélodie incroyable du vent.

La chaleur de mon pied enfoncé dans le sable n'était pas mesurable.

Sur une avenue de peur avec un objectif bien déterminé.

J'avançais avec un visage abattu et une vision mal illuminée.

La longueur du trajet me donnait la possibilité de croire en un avenir mal misé.

La sueur avait cessé de couler parce qu'elle avait longtemps séchée.

Mes yeux étouffés par la poussière me donnaient l'ère d'un avatar coloré.

Le soleil était violent et je marchais dépayser.

Mes lèvres se blessaient peu-à-peu et la douleur me demandait de me soutenir.

Je me mis à chercher un bâton pour me soutenir.

Avec ce bâton je faisais tout pour me tenir plus longtemps.

A gauche comme à droite, je compris que le trajet était indéfini.

Le temps passait mais le désert ne passait pas.

De façon temporaire, tout était sympa.

Je pouvais facilement parler seul en marquant des pas.

Je ne savais plus croire faire mais je me battais pas mal.

Mon destin était sombre mais je continuais de faire des pas.

Aussitôt j'étais devenu comme une batte.

Mon poids avait baissé alors que j'avais augmenté de taille.

Mes cheveux étaient devenus très longue et je ne pensais point à les tailler.

Mes ongles longs du pied et de la main déballaient une laideur.

Spécialement le temps dominait sur mon épouvantail.

Mes sils étaient roux et ma voix était d'une grande taille.

J'aimais chanter ma chanson préférée. Oh ! quelle aile d'oiseau !

Après plusieurs jours de marche, j'ai décidé de prendre une petite pause.

Mon corps faisait mal et j'avais besoin de poser son sac

Le vent qui soufflait me montrait une direction sans que je ne sache.

Après avoir aperçu une place stable, je me suis affaissé.

Il faisait tard la nuit et le vent soufflait comme des alizés.

Seul le destin pouvait me dire ce que j'ignore encore.

J'avais longtemps recherché une place stable où mettre mon corps.

Cette place ne m'était pas paisible mais je n'avais pas le choix.

Ma tête emballée avec un tissu blanc sale me donnant un dégout.

Dans ma pensée, seule l'idée de retrouver un jour une vie stable pouvait apaiser ma trouille.

J'avais peur et j'attendais que le jour se lève pour que je m'envole.

Le vent soufflait, le sable se baladait et la lumière du jour était encore troublée.

A l'aube tout était encore sombre dans ma pensée.

Je ne savais pas pourquoi j'étais dans une indécision caractérisée.

Même si la volonté y était, le corps était déjà fatigué.

Seul l'espoir pouvait me donner la vision tant rêvée.

Je ne savais quoi faire et j'attendais l'arrivée d'un espoir dynamisé.

Le temps passe vite et l'arrosée est rare où la sècheresse est compliquée.

Une fois me forces récupérées, j'ai décidé d'avancer.

Avec le vent qui soufflait, je restais concentrer.

Tellement j'étais fatigué que le vent accompagne mes pas déséquilibrés.

Je me déplaçais déjà vite et je n'avais plus peur des montées.

J'ignorais toujours où j'allais, le destin était flou.

Ma situation perdurait et j'avais toujours la trouille.

Où puis-je bien aller quand les outrages me bloquent.

J'avais tellement faim et je faisais semblant pour oublier mes peines.

Le soleil devenait violent et j'avançais la tête baissée.

Regardant à travers le sol, j'utilisais les éclairs du sable pour m'orienter.

Le pire était encore à imaginer parce que je savais que rien n'a encore commencé.

Il faut encore attendre un bon bout de temps pour comprendre exactement de quoi il s'agit.

De manière soudaine, j'ai aperçu un paysage équatorial.

Cette nouvelle vue me permis de bien transporter mon bagage.

Me dirigé vers ce nouveau lieu était pour moi une preuve de courage.

Car rien n'est facile dans un désert avec un bagage important et lourd de charge.

J'étais proche. Mais la fatigue devenait importante.

Les limites du désert se faisaient déjà voir et je n'avais qu'à continuer à attendre.

Tout ira pour le mieux. Car, le nouveau paysage détendait mes esprits.

J'allais bientôt traverser le désert et j'ignorais toujours ce qui m'attendait.

Avec le paysage de l'autre côté, tout paraissait différent. Les herbes et les arbres avaient poussés et la couleur verte balayait tout le paysage. Dans ce nouveau lieu, il pouvait y avoir de la nourriture et l'eau sans pour autant faire recours à la souffrance. Plus le temps passait, moins il faisait chaud et le vent frais venait en direction de moi.

Le voici enfin ! La traversée n'a pas été du tout facile. Il peut encore regarder sur son corps les marques de cette détermination acharnée. Sur son visage se trouve un semblant de sourire montrant qu'il a déjà traversé. Pendant qu'il quittait ce lieu, un sentiment lui demandait de courir avec force parce qu'il a déjà changé de camps. Voici ses pas dans ce nouveau milieu. Il avance en retournant sa tête. Derrière lui, il aperçoit le lieu qui était autrefois son cauchemar. Il ne pouvait plus y retourner parce qu'il ne pouvait plus s'entêter. La couleur blanche du sable l'avait quitté et les souvenirs étaient encore dans sa tête. Pendant longtemps il regardait derrière lui. Car, tout avait changé. Le sol était recouvert de l'arrosée et les feuillages laissaient tomber de l'eau décolorée. Il n'avait plus peur de la mort parce que le nouveau milieu lui réservait une vie moins endommagée. C'est un garçon courageux. Car, il avance sans pour autant être complexé.

Le nouveau milieu l'accueillit avec d'autres réalités. Lui qui avait toujours rêvé d'une stabilité. Il se retrouve aujourd'hui dans une zone stable avec beaucoup d'ambigüités. Tout était différent et cette différence était négativement constatée. Il ne savait pas que les situations anciennes devaient se suivre. Il avait l'habitude de compter le temps sur ses doigts pour attendre le mois de Décembre. Le mois qui lui rappelait le temps passé autrefois dans l'amour et la satisfaction. Il comprit que cette nouvelle ère n'était qu'une autre phase de sa vie. Dans cette nouvelle ère, tout était à refaire.

Il lui fallait un travail, un logement pour vivre simplement. Ses vêtements étaient déjà anciens et il n'avait plus de chaussure aux pieds. Le comble de tout était qu'il ignorait encore tout. Dans l'optique de travailler, il se donne des moyens. Il décide de produire des lettres de demande d'emploi et de motivation. Ajouter à ceux-ci un CV. Il ne savait pas où déposer. Car, il n'avait reçu aucune recommandation. Ses différentes lettres étaient pleines d'espoir et de compassion. Après ces rédactions, il décida de marcher pour retrouver un lieu. Une société où une entreprise prête à l'accueillir. Un centre ayant la possibilité de lui donner une récompense à la sueur de son front. Voici qu'il eut la possibilité de décrocher un entretien dans une société halieutique. Ce garçon avait les différentes lettres. Mais il lui manquait les originaux des diplômes et attestions inscris dans son CV. Ces lettres étaient écrites en langue française.

Cet homme pouvait bien faire quelque chose pour lui. Mais tout n'était pas facile. Son visage était recouvert de sueur parce qu'il observait le mécontentement du chef de la société. Sa chemise de couleur blanc sale était déjà mouillée. Ses mains tremblaient. Car, il avait déjà un désespoir. Sans toute attente, les larmes ce sont mis à couler. Avec les larmes sur son visage, le chef compris qu'il fallait lui remettre son dossier. Avec son dossier à la main, il reprit la route de la porte. Avant de sortir, il dit ceci : « merci beaucoup chef ». Allant avec un sentiment d'échec, son comportement laissait croire à un échec positif. Une fois à l'extérieur, il décide de ne pas abandonner. Le sentiment qu'il avait de l'intérieur avait changé. Car, même ceux qui pensaient avoir une bonne rédaction étaient aussi à l'extérieur sans emploi. Sans toutefois me répéter, tout n'était pas si facile du point de vue externe à l'emploi. Avec ses documents à la main, il décida de changer d'idée. Il se mit à déchirer tous les papiers qu'il possédait. Puis, il lava ses mains sous un robinet animé. Sa chemise était toujours mouillée et le dessus de ses chaussures étaient déchiré. Il avait soif de trouver un travail modéré. Son corps était toujours exposé. Dans la recherche d'un travail, il se trouve dans l'obligation de devenir plongeur chez maman Fadimatou.

Il lui fallait un boulot pour d'abord se nourrir, puis se vêtir et enfin, vivre comme chez sa maman. Il fallait qu'il mène une vie sans rien demander. La demande était inférieure à l'offre. La vie était toujours dure et personne ne pouvait l'aider. Elle décida de lui donner 1000 franc CFA par jour. Cet argent lui permit d'acheter habits, chaussures et biens d'autres choses après plusieurs semaines d'efforts journaliers. Il n'avait plus des problèmes d'habillement. Sa garde-robe existait déjà après quelque jour de travail. Elle avait tout fait pour qu'il se couche et se réveille dans une maison bien couverte. Il prenait peu-à-peu goût et son petit salaire lui permettait de se mouvoir.

Après plusieurs mois de travail, tout allait bien. Il était toujours bien respecté et elle pensait toujours à son entretien. Elle lui donnait le bénéfice du travail. Il pouvait tout faire pour survivre. Sumayya, petite sœur de la patronne, une fille haoussa qui n'avait jamais aimé, visita sa sœur et tomba amoureuse du jeune plongeur. Elle était belle, intelligente et la rencontre de ce garçon lui donnait l'envie de ne plus jamais retourner en Malaisie. Elle accepta ce jeune homme au premier regard. Elle avait un cœur libre en quête de paix. Tout était différent à ses yeux et ce jeune homme était dans la même direction qu'elle. Elle était devenue le centre de sa vie et il ne pouvait plus travailler comme avant. Il était aussi tombé amoureux de cette jeune fille calme, douce et cette nouvelle situation n'était pas à son avantage. Le couple était beau, envieux et imprudent. Leur amour lui donnait l'occasion d'exister. Mais sa situation économique n'avançait pas.

Pendant plusieurs temps, il refusa de travailler toute la journée. Elle et lui avaient des rendez-vous chaque fin de journée. Rien ne pouvait réduire cet amour apparu lors d'une matinée. Sumayya avait déjà gagné son cœur et il n'avait rien d'autre à faire que d'abandonner son travail. Ce couple fut comblé de tout parce qu'elle soutenait la relation avec l'argent que lui donnaient ses parents. Lui, dans un nouveau monde, n'avait personne d'autre sur qui compter. Il était loin de sa famille. Après un bon bout de temps, le papa de la fille fut relevé de ses fonctions et Sumayya devint aussitôt pauvre. Cette nouvelle situation la rendait indifférente. Il avait été au courant de la situation du papa de Sumayya. C'est la raison pour laquelle il décida d'aller loin d'elle pour se trouver un bon travail rentable. Après des années de solitude dans un environnement sans amour, il pensait à elle de façon télécommandée. Elle lui faisait part de sa situation de façon télécommandée. Il savait que son départ l'avait tellement blessé. Son retour était illusoire et il savait qu'un jour le temps lui ramènera à elle. Il eut plusieurs envies de faire un pas en arrière. Mais tout avait déjà changé.

Loin d'elle, il ne pensait plus à rien. Le temps passé avec elle était devenu pour lui un entretien. Le temps lui avait tout pris et ses souvenirs étaient devenus un soutien. Dans sa pensée, la seule chose était d'être un acadien. Son nouveau milieu lui paraissait encore plus dur. Il s'était trouvé un lieu de crèche imaginaire fait en dur. Les multiples marches avaient déjà endurci ses talons. Il était devenu plus dur qu'avant. Il avait plusieurs fois trouvé du travail et abandonné. La vie solide lui donnait l'occasion de la décongeler. Il avait l'habitude de marcher avec ses deux lèvres collées. Rien n'était facile pour lui qu'il ne pensait qu'à s'efforcer. Le retour à la case de départ était la seule chose envisageable. Car, il n'avait ni argent, ni une personne sur qui compter. Ses vêtements avaient déjà perdu leurs valeurs. Le t-shirt présentait plusieurs trous au côté arrière et le pantalon qu'il portait était devenu une culotte sur l'effet du temps. Son poids avait presque diminué de moitié et sa beauté avait disparu. Sur le chemin du retour, il regardait la nature sur l'impasse du temps. Tout était réduit au néant. Pendant qu'il se déplaçait, les larmes coulaient à travers ses yeux et sa bouche en mouvement prononçait des phrases suivantes : « que suis-je devenu ? Ai-je mérité ce fardeau ? Que dira mon père. Que dira ma mère, mes frères et sœurs ? Me voici sur le chemin de retour les mains vides ». Il y'avait déjà plusieurs jours qu'il avait abandonné celle qui l'aime parce qu'il voulait à tout prix réussir avant de retourner la prendre. Mais chaque minute passée lui rappelait qu'il avait blessé le cœur d'une fille amoureuse de lui. Celle avec qui il avait passé des moments inoubliables. Cette vie laissée derrière ne lui permettait pas de continuer sa marche en toute liberté. C'est l'une des raisons pour lesquelles ses larmes étaient très loin de se stopper.

Au fur et à mesure qu'il pleurait, il faisait un bruit fort et un passant s'intéressa à lui. Ce passant allait visiter son champ lorsqu'il tomba sur le jeune garçon. Ainsi il dit au jeune homme : « qu'est-ce-qui ne va pas mon fils ? Es-tu égaré. Pourquoi pleures-tu depuis ce temps ? ». Le jeune, avec un visage enflé, s'arrêta auprès du passant et répondit : « ça ne va pas, je veux retourner où je viens ». Sans tarder, le passant lui dit : « je m'appelle Fongang et je peux faire quelque chose pour toi si et seulement si tu acceptes m'accompagner au champ ». Ce jeune voyait un envoyé de Dieu qui pouvait l'offrir la chance de répondre à toutes les questions de souffrances qu'il se posait depuis qu'il avait quitté la maison de ses parents. Pour aller à la recherche du meilleur. C'est la raison pour laquelle il décida sans perdre de temps d'accompagner ce monsieur dans son champ.

Une fois la soirée arrivée, le monsieur décida de rentrer chez-lui avec le jeune. Sur la route du retour, il lui dit : « comment t'appelles-tu ? Pourquoi es-tu loin de tes parents ? ». Le jeune garçon lui répondit : « je m'appelle Fabrice. Je viens de l'ouest Cameroun. J'habitais chez mon grand-père avec ma mère Elise. Mes frères et sœurs étaient longtemps parti à Douala, chez mes tantes maternelles continuer les études secondaires. Je suis parti loin de ma famille à la recherche de mes parents. Car mon papa était parti à la recherche d'un pays de valeur pour poursuivre son travail pédagogique et être rémunéré à la hauteur de ses services. Ma mère par contre m'avait laissé seul à la maison pour le marché et elle n'était plus jamais revenue. Je ne pouvais plus supporter cette solitude. Voici les raisons pour lesquelles je suis parti de chez-nous ».

Fongang avait bien écouté le jeune garçon et avait compris que ce dernier n'avait plus rien. Pour cela, il décida de faire croire au jeune qu'il pouvait tout pour lui. Car, il lui proposa un salaire de cinquante milles franc CFA à chaque fin du mois. Le jeune était très content. Car il sortait très tôt à 06 heures du matin pour ne rentrer qu'à 06 heures du soir. Il était très content. Cette nouvelle activité lui donnait la chance de retrouver le sourire longtemps perdu. Il avait droit à deux repas par jour. Le matin, il lui donnait une tasse de bouillie chaude avec un demi pain. Et le soir, il avait droit à un bon plat de nourriture toujours garnir, soit par la viande, soit par le poisson. Il travaillait bien dans ce grand champ. On y retrouvait la culture du cacao et du café. Et les récoltent se faisaient chaque trois mois en ce qui concernait la culture du cacao. Et chaque neuf mois en ce qui concernait la culture du café. Après plus de trois semaines de travail, son patron l'informe qu'il sera payé chaque trois mois si la récolte du cacao serait bonne. Une annonce qui n'a pas plu Fabrice. Car, il comptait prendre un ou deux mois de salaire pour acheter vêtements et provisions afin de reprendre la route pour arriver dans sa ville natale.

C'est ainsi que ses multiples revendications ont permis à monsieur Fongang de dire ceci : « tu n'es pas un bon travailleur. Tu ne sais ni travailler au champ, ni transporter les cultures. Tu es un enfant faible et ton courage intérieur n'a d'égal ta faiblesse extérieure. Si tu veux tu continues le travail. Ou au contraire tu arrêtes. La vie n'est pas facile. Penses-tu que le riche vit au dépend de qui ? ». Après qu'il ait fini de parler, le jeune homme se mit à pleurer de façon violente. Car, il n'avait pas vu venir ce coup. Il était tellement abattu que sa demi-culotte descendait sans qu'il ne s'en rende compte. Pendant qu'il criait à haute voix, le son de sa voix disait ceci : « mon Dieu, pourquoi tout ceci, veux-tu reprendre la vie que tu m'as donné ? Je n'ai plus la force de pleurer ». Pendant qu'il pleurait, monsieur Fongang écoutait silencieusement les paroles qui sortaient de sa bouche. Une fois qu'il arrêta de pleurer, monsieur Fongang renchérit : « oui, tu n'as jamais eu de force. Faible ! ». Après ces paroles, le jeune homme libera sa maison pour continuer le chemin abandonné il y a un mois. Sur la route, il se mit à crier encore plus fortement. Car, il avait travaillé dans le champ de ce monsieur pour rien.

Le rêve qu'il s'était fait était parti en fumée. Il n'avait que fait aggravé la situation. Avant qu'il n'accepte travailler dans ce champ, son cerveau était déjà adapté à sa situation. Son cœur était lui aussi presque apaisé. Mais, ce nouveau coup à tout réveiller en lui et les contours de sa souffrance étaient mis au grand jour. Le séjour passé chez monsieur Fongang était un mauvais rêve. Fabrice n'était pas un enfant bête comme le disait son ancien patron. Car, il avait eu une licence en lettre et plusieurs formations professionnelles sans emploi. Il n'avait qu'un seul rêve. Celui de réussir, même s'il faille qu'il travaille avec sa force physique qu'avec sa force mentale. Au fur et à mesure qu'il avançait, il se rapprochait du désert abandonné autrefois. Ce désert lui rappelait le chemin retour. Une fois sur ce lieu, il décida de mettre en pratique les leçons tirées lors de sa première traversée. Car, il avait sur lui un tissu qu'il mettait sur sa tête, couvrant sa bouche, ses oreilles et ses narines. Ses bras étaient couverts de vieux vêtements et ses chaussures étaient attachées par une corde qui allait du centre de sa semelle jusqu'au niveau de la cheville. Le désert n'était plus un fardeau pour lui.

La fatigue, la soif et la faim se faisaient ressentir pendant des journées de marche. Ainsi, il pouvait ramasser une tige d'arbre pour prendre l'appui et marcher plus rapidement. La nuit, il faisait des efforts de se reposer. Mais le sommeil était devenu très rare. Il avait fait des jours sans se laver et il était mal l'aise le jour comme la nuit. Une fois traversé le désert, il aperçut un pont qu'il remarquait.

Ce pont relie le Tchad au Cameroun par Kousseri-Njamena. C'est alors qu'il dit : « oh ! j'étais déjà au Tchad ? ». Il était content d'avoir retrouvé son pays natal. Après quelques jours passés à Kousseri, il expliqua sa situation aux hommes en attente du Bus au niveau de la gare routière. Ces hommes se sont mis à cotiser pour qu'il retrouve sa famille du côté de l'Ouest. Avec ces cotisations, il a pu se déplacer de voiture en voiture. Voici qu'il est près de la maison de son grand père.

De loin, il écoutait des bruits. Ces bruits étaient aussi fort qu'il se déplaçait en écoutant les voix dans le mesure d'identifier les auteurs. Ses frères et sœurs y étaient. Ses parents y étaient aussi. Avec tous ces identités, son cœur s'est mis à battre de force et les yeux ont subitement perdu des larmes. Il n'avait jamais ressenti l'amour d'une famille réunie. Il ne comprenait pas le mobile de cette assemblée.

Ses parents étaient à table lorsqu'ils entendirent la porte sonnée. Jules, son grand-frère se leva pour l'ouvrir. Il était tellement abattu et son visage avait tellement changé que Neilla, sa sœur ne le remarquait plus. Son papa, sa mère et ses frères Roméo, Sidoine, Dimitri se sont levés, les yeux grandement ouvert en direction de Fabrice. Soutenu par Mystraline, Christelle et Sandra, se dirigeant vers où était assis Bodoin pour lui donner une place assise. Une fois assis, sa mère Elise, s'est directement levé les larmes au visage, se dirigeant vers la cuisine pour préparer son plat préféré, le riz haricot. Il a fallu attendre 7 heures le matin pour que le benjamin de la famille Alban revoie son frère après un bon bout de temps. Ainsi, lors de son premier regard sur lui, il dit : « tonton Fabrice, c'est toi ? ». Fabrice avait vraiment changé et il n'était plus remarquable. Entre 8heures et 10 heures, son papa André le conduisit à l'hôpital où il prit trois perfusions pour faciliter son rétablissement. C'est alors que son papa profita pour s'excuser du comportement d'irresponsabilité qu'il avait adopté il y a plus de 10 année. Fabrice, couché sur le lit de l'hôpital avait fini d'écouter son papa. Puis il dit : « Papa, mon premier regard sur toi m'a parlé. J'ai compris par la que tu n'avais pas aussi trouvé ce que tu étais parti cherché. Je comprends que la vie d'un homme n'est pas facile ». Son père l'avait écouté sans mot dire. Mais il avait compris que son départ avait détruit sa famille.

Deux semaines passées, Fabrice était redevenu comme avant. Son visage était ressorti et il se portait de mieux en mieux. Plus le temps passait, plus la maisonnée s'habituait de sa présence. Son papa avait perdu tout espoir et sa maman vendait de l'eau glacée au marché centrale pour acheter de quoi mourir la famille. Cette situation était embarrassante pour lui. Et il ne pouvait pas accepter qu'il ne puisse rien y faire. Un soir entre 17 heures et 18 heures et 30 minutes, sa mère Elise est rentrée du marché. C'est ainsi de Fabrice profita pour avoir une conversation sérieuse avec sa maman.

Fabrice : maman ! pourquoi m'avais tu abandonné ?

Tu m'avais laissé seul.

Même maman pauline m'avait rejeté.

Je pleurais les jours comme les nuits.

Je suis très fâché contre toi.

Elise : je suis parti parce que je ne supportais plus vivre sans ton papa.

Je suis revenu trois ans après que je sois parti.

J'ai trouvé ton papa à Bangui.

Il ne voulait plus rentrer au pays parce qu'il avait honte de retourner les mains vides.

Fabrice : pourquoi tu m'avais dit que tu allais au marché ?

Elise : je sais que tu n'allais pas me comprendre si je t'avais pas menti.

Je savais que tu allais avoir très mal. Mais j'avais confiance en toi.

Excuse-moi mon fils.

Fabrice : je t'excuse maman. Mais j'ai beaucoup souffert.

Elise : tout ira mieux. Nous sommes ensemble mon fils. Viens dans mes bras !

Après ces mots de réconciliation, tout allait vraiment mieux. Un beau matin, entre 05heures 30 minutes et 06 heures, Fabrice sonna la porte de la chambre à coucher de ses parents et dit : « bonjour papa, bonjour maman, je voulais vous dire au revoir ». Ses parents répondirent : « où vas-tu mon fils ? N'es-tu pas à l'aise ici avec nous ? ». Fabrice répondit : « oui papa, je vais en ville acheter une chaussure. Je serai là dans un moment ». Il disait cela à ses parents justes pour qu'ils ne soient pas menacés de son nouveau départ. Il ne savait toujours pas où il allait. Après ses parents, il s'est dirigé vers la chambre de ses frères et sœurs et leur dit : « j'arrive ! ». Il le disait avec une vitesse qu'il ne pouvait rien entendre si elles ou ils répondaient. Le jeune était parti dans le septentrion du pays.

Après six jours de voyages difficultés, il arriva à Maroua, la ville centrale de l'extrême-Nord et se dirigea vers le marché dans la mesure de faire la rencontre de plusieurs personnes et leur poser son problème. Il voulait reproduire la même scène qu'il avait déroulé à Kousseri. Il était lundi lorsqu'il se rendit au marché forêt. Juste à l'entrée, il dit : « neueng baaba ? (Salut père ?) ». S'adressant à la première personne qui venait en face de lui. Ce monsieur répondit : « samnoug, a jamo na ? (ça va, tu vas bien ?) ». Voyant le silence du jeune, il parla en français. Ça va et toi ? ». Et le jeune reprit la parole et dit : « çà na va pas. Je suis à la recherche d'un emploi. Je viens du Sud ». Par la suite le monsieur lui reposa une question : « es-tu musulman ». Le jeune dit : « non, mais je peux m'islamiser si cela me permettra de trouver un travail ». C'est alors que ce monsieur lui conduisit chez-lui, puis, à la mosquée où il commença les prémisses de l'islamisation. Pendant cette procédure d'islamisation, il était pris en charge par la mosquée de Dougoi où il séjournait.

Après quatre mois, il eut un travail dans un grand magasin d'alimentation du marché. Il travaillait pour un salaire de cent milles le mois. Après plusieurs mois de travail, la communauté musulmane lui chercha une femme au nom de Soureya. Ils eurent deux enfants dont freddyemaya, et Efiasoumay après deux année de mariage. Soureya était une fille rêveuse et exigeante. Car, elle aimait le luxe et elle dépensait sans toutefois réfléchir. C'est alors quelle poussa son mari Moussa à dépenser l'argent de la boutique pour soulager ses envies. Dans un intervalle de deux ans et six mois, le capital de la boutique était passé de 3500000f à 400000fcfa. C'est la raison pour laquelle il a perdu son travail. Revenu à la case de départ avec les mêmes problèmes de pauvreté, il fallait qu'il survienne aux besoins de sa petite famille. Etant dans l'incapacité, Soureya décida de partir se remarier à Kousseri avec ses deux enfants. Moussa avait plusieurs fois essayé de se plaindre du comportement de Soureya à la communauté musulmane. Mais celle-ci lui répondait ceci : « tu n'es pas un vrai musulman ». Dans la mesure de ne pas rester sans rien faire, il décida de se déplacer vers une autre zone inconnue.

Il avait encore perdu. Même la mère de ses enfants ne croyait plus en lui. Tout dépassé, il décida d'appeler son papa pour lui demander des conseils. Il se dirigea vers un call box avec une pièce de 100F. « Allo ! allo ! », dit jules. Son papa décrocha et lui dit : « oui allo Fabrice, j'ai remarqué ta voix. Depuis que tu es allé au marché tu n'es pas rentré jusqu'aujourd'hui, où es-tu ? ». Il se mit à pleurer. Il ne savait vraiment quoi répondre. Ainsi, il expliqua la scène du début jusqu'à la fin. Son papa à son tour lui dit : « je suis fâché. Rentre vite ! ».

Par la suite, il décida de ne pas suivre les recommandations données par son papa. Car l'espoir de réussir qui était en lui ne lui permettait ni d'abandonner, ni de faire semblant comme si tout allait bien. C'est la raison pour laquelle il appela aussi sa mère.

Fabrice -- Allo ! allo !

Mère --- Oui mon enfant, comment tu vas ?

Fabrice - ça ne va pas maman, j'ai besoin d'aider.

Sa mère tout en larmes lui répond : « qu'as-tu besoin mon fils ».

Fabrice --- j'ai besoin que tu me conseil.

En plus, il expliqua la situation à sa mère sans laisser de détail. Sa maman, ayant la certitude que son fils est un battant, décida de lui reposer la question : « qu'en penses-tu faire ? ». Il répondit : « maman, je veux continuer de me battre pour sortir notre famille de ma misère. J'ai espoir que je peux y arriver ». Sa mère l'écouta. Puis, elle répondit : « mon fils, j'ai confiance en toi. Il est vrai que je pleure. Mais je vais trouver la force d'arrêter de pleurer pour toujours avoir le temps de prier pour toi chéri. S'il te plait, penses à poursuivre tes études. Tu as une licence en lettre et plusieurs formations professionnelles. Je pense qu'un jour tu seras un grand fonctionnaire de ce pays. Multiplie tes chances en postulant pour plusieurs métiers. Vas en avant mon enfant. Que Dieu veille sur toi ».

Une fois que sa mère ait fini de lui parler au téléphone, elle appela Christelle, la femme de Alban qui était en train de laver les vêtements de son beau-père et lui dit : « voici le numéro de ton beau-frère, il a besoin de conseil par rapport à la situation que tu connais là. S'il te plait envoie lui un message ». Sans toutefois attendre, elle prit son téléphone de marque Techno et se mit à écrire : « mon beau-frère, je sais que ce n'est pas facile là où tu es. Je sais aussi que tu n'es pas prêt à revenir vers nous aussitôt. Saches que nous serons toujours là pour prier afin que tu progresses dans tes projets. Nous sommes ta famille. Prends soin de toi. Nous serons toujours là pour toi ». Au moment où elle finissait d'écrire le message, Ingride, la femme de Gires et Sandra, la femme de Sidoine demandèrent à Christelle de saluer Fabrice de leurs part. Christelle y introduira leurs volontés sans tarder. Ainsi, le message fut envoyé. Une fois qu'il ait écouté son père, sa mère et ses belles-sœurs, il décida de partir d'un nouveau pied. Le moment du changement était arrivé. Il avait déjà reçu tous les conseils lui permettant d'avancer avec plus d'objectivité.

Quelques jours après, il a décidé de changer son apparence. Alors, il gagna un job qui consistait à débroussailler un champ ayant une dimension d'un hectare. Pour recevoir en retour une chemise, un pantalon tissu, une chaussure soirée noire, un stylo de couleur bleue, une rame de papier A4 et un petit sac à dos. Une récompense qui a été respectée une semaine après la fin des travaux. Par la suite, il décida de se rendre à Yaoundé mais il n'avait pas de moyens de transport. C'est la raison pour laquelle il se présenta à l'agence touristique pour demander un poste de chargeur. Cette demande fut accordée quelques jours après. Il avait décidé de pratiquer ce métier justement parce qu'il recherchait une occasion qui lui permettrait de voyager sans payer. Cette tache lui permettra de voyager clandestinement un soir dans le porte bagage arrière d'un gros porteur, avec la complicité d'un employé permanant appelé Ibrahim Memigue.

Après deux jours de voyage, il arriva à Yaoundé. A l'agence, il fit la rencontre de monsieur Essola Essola Steve, un jeune enseignant qui avait été formé à l'Ecole Normale de Maroua. Les deux devinrent des amis et il lui accorda une place à coucher parce qu'il avait une maison de trois chambres un salon au quartier Mendong. Son nouvel ami Essola lui accorda une ration de 1000f par jour et un bon plat de nourriture chaque soir. Fabrice admirait déjà la vie de son nouvel ami et décida de devenir comme lui. Un soir, Essola lui demanda de l'accompagner à l'église le dimanche et il accepta. Ce dimanche, les deux amis y étaient. Une fois que la messe fut lancée, le prêtre demanda aux nouveaux venus de se lever pour se présenter. C'est ainsi que Fabrice se leva, puis, se présenta sans oublier ses qualifications. Le prêtre lui demanda de le rencontrer après la messe. Après la messe, il rencontra le prêtre dans son domicile situé près de l'église. Ils eurent de longue conversation. Après ce jour, Fabrice était devenu un bon chrétien et tout le monde l'appréciait. Quelques mois après, il eut le titre de président des jeunes de l'église. Vu l'attachement qu'il avait avec l'église, le prêtre décida de présenter sa situation à l'évêque. Avec l'aide du prêtre et son niveau d'étude, l'église décida de lui donner des moyens nécessaires pour qu'il presente le concours pour devenir professeur des lycées. Ce qui a été fait et il a postulé. L'admissibilité était positive et le résultat final présenté sur le babillard de l'université de Yaoundé 1 avait son nom. C'est ainsi qu'il devint professeur des lycée deux années après. Ce jeune avait tapé tous les portes de la réussite. Mais malheureusement, il n'avait pas eu de chance. Car dans ce monde, la place de l'éducation se trouve derrière la politique et le politique. Cette réalité se confirme une fois de plus dans la suite de son histoire.

Je m'appelle Fabrice et mes apprenants m'appellent « CHANDEL ». Je suis le fils d'un père enseignant et d'une mère ménagère. Mes études primaires, secondaires et supérieures difficiles ont laissé en moi les marques d'une personne créative et déterminée. Les difficultés économiques d'un papa enseignant n'ont pu refouler en moi le désire de transmettre des connaissances. Il était au fil du temps devenu absent. Puis, violent et sa rigoureuse attitude connectait avec nos difficultés économiques et sociales. Les difficultés de se nourrir de façon équilibrée animaient nos espoirs de survie. Malgré que la jeune mère s'infligeât des aptitudes psychomotrices inacceptables pour camoufler l'écart qui existait entre l'enseignent et la vie sociale des personnes dont le métier avait totalement trahi leur avenir. Moi petit enfant, j'ignorai humblement que mon pays n'avait aucun respect pour les dieux de la craie qui arrose toutes les plantes du territoire national. Une servitude étalée sur plus de 35 ans de services sans réalisation, sans investissement anthropique à cause d'une politique de rémunération qui met au bas de l'échelle des seigneurs de la craie.

Comment comprendre qu'un instituteur d'enseignement technique ne perçoit qu'une somme inférieur ou égal à 300 Euros/ mois après 30 ans de services et plusieurs nominations ? Cette question met en exergue plusieurs autres questions qui s'investissent sur le statut et le profil de carrière des enseignants. Car, lors de ma fin de formation à l'ENS, les enseignants sur le terrain étaient aussi minces que nous stagiaires.

Déployer sur le terrain par le ministère de tutelle sans frais de relèves, ni logement, ni salaire pour une réponse mentale fine dont la déontologie et la docimologie m'obligeaient. Les sentiments d'engagement et de participation dans la construction d'un Cameroun émergent en 2035 faisaient de moi un enseignant engagé vers le développement de mon pays. A ma grande surprise, les deux années suivantes n'ont appris que les situations misérables que déplorait mon père étaient de fond et de forme vérifiables. J'étais moi aussi déjà plongé dans ce tombeau d'espoir sans comprendre pourquoi les fonctionnaires de Yaoundé refusent de traiter mes dossiers. Le dépôt répété de ce dossier d'intégration me permis de croire que le tribalisme étatique était fonctionnel dans mon pays alors que les conflits à l'extrême-Nord et au NOSO fragilisent énormément le vivre ensemble des citoyens.

Pourquoi autant entraves à l'intégration nationale peuvent s'infliger au corps enseignant ? Sont-ils des étrangers ? Auraient-ils choisi le métier attribué aux maux tels que la honte, la pauvreté, la mendicité, la corruption, la clochardisation, l'abandon, la destruction, le désespoir et la famine ? Aidez- nous !

Je suis devenu comme cet enseignant qui travail sans profil de carrière, sans respect social ni cadre juridique normal et applicable avec effet financier. Cette situation me laisse pantois et ma réalité serait l'apanage de plus 1 milliard enseignant dans le monde. Comme une goutte d'eau qui a dépassé le vase, tous les enseignants se sentent impliqués de manière directe ou indirecte dans cette situation déplorable qui persiste depuis plus de 03 décennies. Sans toutefois attendre, un mouvement d'humeur s'est mis en marche pour déplorer les souffrances des enseignants dans un slogan OTS (on a trop supporté).

Ce mouvement est né des revendications des seigneurs de la craie, dans un cadre responsable et calme pour demander à l'Etat de libérer ce corps de métier. Ils réclament une panoplie de revendications telles que le paiement des complément de salaire, la paiement immédiat des rappels pour tuer de manière efficace le système 30% instaurer à Yaoundé depuis plusieurs décennies, la révision et l'application avec effet immédiat du statut particulier des enseignants, l'augmentation des salaire à travers la hausse des prime à savoir la prime du logement, les primes trimestrielles, les suggestions des animateurs pédagogiques, les primes de documentation, d'évaluation, de correction , du port de blousse et de la chaussure cirée ...Il est conscient de relever que le mouvement OTS a permis aux enseignants du primaire de rejoindre ceux du secondaire. Car disent-ils « trop c'est trop ! ».

Je suis un camerounais qui a peut-être eu la mal chance de devenir enseignant. Mais je reste déterminer dans l'exercice de ma fonction tout en appliquant responsabilité et vigilance face aux respects des lois de la République. J'ai mal de savoir que même le chef de l'Etat ne comprendre pas de manière directe ce fléau social. Une bombe à retardement qui caractérise l'éducation de chez-nous. Je n'ai pas eu la chance d'être passé par L'ENAM pour devenir administrateur dans un pays où l'éducation et la formation passent après toute chose. Enseigner ayant en même temps la faim et les vertiges. Former le plus longtemps possible pour avoir une retraite misérable. Toujours vouloir faire des efforts dans un pays qui avait depuis mis l'enseignant en arrière-plan. Se former à ENS, ENSET, ENIEG, ENIET et être déployé à l'arrière-pays sans encadrement. Pourquoi un enseignant devrait exercer en milieu rural sans suivie ? Est-il possible de travailler pour ne recevoir que 2/3 de son salaire mensuel ? Pourquoi sont-ils des sacrifier de la République ?

Aurais-je des réponses aux questions de mes enfants ? Qui serai-je demain ? Des questions comme celles-ci laissent tous les enseignants dans un refuge de prise de conscience. Cette charge mentale qui pourrait se traduire par une volonté de réponse face à l'entourloupe gouvernementale, serait dans une mesure la volonté du peuple souverain. Celui-ci dans ses droits régaliens peut se permettre de dire « trop c'est trop » « On a trop supporté ».

L'Etat désigne l'ensemble des populations vivant sur un territoire délimité par des frontières et défini par la loi. C'est aussi un ensemble des populations responsables d'un territoire qui transmettent leurs pouvoirs auprès des dirigeants qu'ils ont choisis. De ces deux définitions, il en ressort les devoirs de l'Etat envers son peuple. De la civilisation égyptienne à celle européenne en passant par les Grecs et les Romains, l'éducation du peuple était une priorité absolue. Il est aussi vérifiable que l'ancien président Ahmadou Ahidjo reconnaissait la place et la valeur de l'enseignant dans la santé d'un pays. Il est déplorable et même inconsommable de reconnaitre que la valeur de l'enseignant est devenue prescriptible dans notre pays. Si les détendeurs du pouvoir n'en éprouvent aucun intérêt, ces derniers peuvent se permettre de traiter des policiers, des préfets et sous-préfets comme des seigneurs au détriment de leurs formateurs appelés enseignant. Pourquoi un ministre se permet d'envoyer un sous-préfet intimider les enseignants dans leurs lieux de service ? existe-t-il un rapport de vraisemblance entre un sous-préfet et un enseignant ? Qui peut sensibiliser qui ? Oublié-t-il que les leçons administratives leurs sont transmisses pas des enseignants ? Cette situation laisse croire un gouvernement fou qui ne pense qu'à mastiquer le savoir et l'intelligence de la jeunesse. Qui suis-je devenu, pauvre enseignant.

Il est vrai que le gouvernement a fait des efforts face à ce gigantesque problème. Mais il me revient de souligner que les réactions du Président de la République étaient politisées ; alors qu'il s'agissait d'une revendication purement civile et directe. Causée par la génération qui nous gouverne. Je cris quand je constate que dans ce pays, l'enseignant est moins important aux yeux des personnes qui se réclament d'être nés ministre, préfet, sous-préfet, Délégué et même proviseur ou directeur. Car ils disent des cochonneries à l'endroit des enseignants sous la pression politique et l'égoïsme du poste.

Bientôt un mois sans enseignement et toujours aucune solution concrète. Les responsables du gouvernement se plaisent dans une situation dévastatrice où les jeunes ne réclament rien d'autre que les enseignements. Comment comprendre que la vraisemblance du bulletin de solde était disponible depuis le 22 mars ? Pourquoi ce gouvernement manipule cette réalité. Les enseignants ont travaillé pour un salaire où ce dernier ne payait que 2/3 après plusieurs années. Aujourd'hui, ils ont reçu ce reliquat et les membres du gouvernement se permettent de dire à la télévision qu'ils ont augmenté le salaire des enseignants ? Sont-ils réellement au courant des revendications ? Sont-ils vraiment des camerounais ? Qui gouverne le Cameroun ? Cette réalité augment les inquiétudes de ce gouvernement face à son peuple. Cette situation pourrait laisser croire que le hard power appliqué aux enseignants par les membres du gouvernement devrait se répondre par une sanction similaire. Or, les cacophonies des paroles de nos gouvernants laissent comprendre qu'ils sont installés dans des chefferies. Mais des personnes averties restent prudent et notent que l'enseignant est le dieu de la construction. Il ne saurait construire et détruire en même temps. C'est la raison pour laquelle il respecte la paix et la stabilité tout en demandant aux détendeurs du pouvoir de leur restituer les valeurs et les mérites dont il a toujours mérité.

Le chef de l'Etat son Excellence Paul Biya ne saurait rester indifférent face à l'instrumentalisation et la guerre économique déclarée aux enseignants par ses collaborateurs. Il est la seule personne responsable de l'intégrité nationale de son peuple. Par conséquent, il a le devoir de réponse, de façon excellente aux problèmes ci-dessus de manière à éliminer de façon définitive, l'appétit de la clochardisation des enseignants dans son pays. Vous avez le pouvoir et les moyens. Monsieur le président est un père de famille, un model en éducation et en formation. Il ne pourrait jamais permettre que son gouvernement soit assimilé au gouvernement de Louis XVI avec Marie Antoinette. De ce fait, je fais et je ferai toujours confiance au chef de l'Etat.

Il serait important de rester optimiste face à la résolution de cette triste situation de l'enseignant camerounais. L'enseignant que je suis n'a perdu ni le sens de la transmission des connaissances, ni la rigueur dans la formation. Je suis et je resterai enseignant jusqu'à ma mort.

J'aime ce métier. Je refuse de mourir comme monsieur Ahmidou du Lycée de BEKA. Je refuse d'avoir des funérailles isolées. Je refuse d'être l'enseignant là qu'un sous-préfet peut banaliser.

Moi enseignant, j'ai aussi droit à une vie descente, à un traitement responsable, à un profil de carrière respecte et une retraite aménagée. Je remercie l'ensemble des enseignants qui se battent à travers les mouvements « trop c'est trop ! », « on a trop supporté ! » Pour que vive l'éducation, la formation, dans le développement, la confiance et le respect des enseignants du terrain. En Revanche, je resterai vigilent face aux actions gouvernementales pour demeurer un enseignant actif pour un avenir constructif.

J'étais parti à la recherche de mes parents. J'avais vécu l'enfer de ma vie pendant le trajet. Me voici de retour au pays. Tout est pareil…

Un enseignant
négligé

IL EST PREFERABLE D'AIMER POUR FAIRE SEMBLANT D'AVOIR D'ARRETER LA SOUFFRANCE. QUE DE VIVRE AVEC LE CŒUR VIDE ET MOURIR SEUL AU MONDE.

Printed by Books on Demand GmbH, Norderstedt / Germany